Anita

Souvenirs d'un contre-guérillas

Honoré Beaugrand

Alpha Editions

This edition published in 2022

ISBN : 9789357097413

Design and Setting By
Alpha Editions
www.alphaedis.com
Email - info@alphaedis.com

Contents

I

ON se battait ferme et dru chez Dupin.

Surtout lorsqu'on avait l'honneur d'appartenir à la 2ème compagnie montée de la "Contre-guérilla"; compagnie commandée, s'il vous plaît, par un petit fils du maréchal Ney.

Fameux régiment que celui-là, je vous en donne ma parole, lecteurs!

Chez Dupin--comme nous disions alors--on buvait sec, on faisait ripaille et on se battait en enragés; ce qui faisait que MM. les *Chinacos*, nous avaient appliqué le gentil sobriquet de *Diablos colorados*--ce qui voulait dire "Diables rouges,"--s'il vous plaît.--Ils avaient ma foi raison de ne pas nous adorer, car nous leur rendions bien pareil compliment, et avec intérêts encore.

C'était au premier jour de février 1866, si je me rappelle bien. Nous étions de passage à Monterey venant de Matamoras et en route pour rejoindre la division Douay qui était campée sous les murs de San Luis de Potosi.

Notre escadron faisait escorte à un convoi de vivres. Comme les muletiers mexicains ne sont jamais pressés et que le train n'avançait pas vite, j'avais demandé et obtenu la permission de mon capitaine, de pouvoir devancer le détachement d'un jour; et j'étais donc à Monterey vingt-quatre heures avant mes camarades.

Puisque j'ai tant fait que de vous dire que je tenais à passer un jour à Monterey, autant vaut finir ma confidence, et vous avouer que les yeux noirs d'une senorita étaient pour beaucoup dans cette décision prise à la hâte.

J'étais alors maréchal-de-logis-chef de mon escadron et je n'aurais voulu pour rien au monde, manquer l'occasion de donner un coup de sabre qui aurait pu me valoir la contre épaulette de sous-lieutenant, alors l'objet de tous mes rêves.

J'arrivai donc au galop, en vue de la *Silla*, et un quart d'heure plus tard, j'apprenais que l'objet de ma course au clocher était depuis quelques jours à Salinas en visite chez une de ses parentes.

Jugez de mon désespoir!

Que faire?

Je tenais à voir mon Anita, et Salinas était à une distance de dix bonne lieues de Monterey. Je n'avais que vingt-quatre heures d'avance, sur la colonne, et il m'était tout à fait impossible de penser à faire 30 lieues en un jour sur mon cheval qui était déjà fatigué, et de pouvoir reprendre ensuite la route avec mes compagnons d'armes.

J'étais furieux de ce contretemps, quand je me rappelai fort à propos que j'avais une cinquantaine de dollars dans mes goussets. A Monterey, un bon mustang s'achète et se vend pour deux onces d'or.

Je trouvai tout de suite un maquignon qui me fournit une monture respectable pour vingt-cinq dollars et après avoir confié mon fidèle *Pedro*--mon cheval--au soins du garçon d'écurie de l'hôtel San Fernando, je me préparai à prendre la route de Salinas.

On me fit bien remarquer que les *Chinacos* avaient été vus dans les environs depuis quelques jours, mais quand on est militaire et amoureux, on se moque de tout,--même des choses les plus sérieuses.

J'étais donc décidé à tout braver, fatigues et Juaristes, pour avoir l'ineffable plaisir de contempler pendant quelques instants les yeux noirs de ma *Novia.*

Je plaçai de nouvelles capsules sur mes revolvers américains et je pris une double ronde de cartouches pour ma carabine *Spenser.*

II

Quelques instants plus tard, je galopais sur la route poudreuse qui longe la base des montagnes élevées qui entourent Monterey. Mon cheval faisait merveille et j'étais enthousiasmé de la surprise que j'allais causer à mon Anita qui me croyait encore à Victoria, à guerroyer contre ce brigand de Canales.

Je répondais d'un air souriant aux *Buenos Dias* hypocrites des *rancheros* que je rencontrais sur la route. Il était notoire que ces coquins nous disaient bonjour du bout des lèvres, tandis que dans leurs coeurs, ils nous vouaient à tous les diables. Mais j'étais de bonne humeur et j'oubliais pour le moment que j'étais en pays ennemi.

Je fis ainsi, sans y penser, cinq ou six lieues. Le coeur me battait d'aise, à la pensée de l'heureuse inspiration que j'avais eue de me procurer une nouvelle monture qui me permettrait de passer sept ou huit heures auprès de l'objet de mes affections; ce qui est une dose de bonheur énorme pour un militaire en campagne, croyez m'en sur parole, heureux lecteur qui n'êtes jamais sorti de la paisible catégorie des péquins.

Je galopais donc content de moi-même et ne pensant nullement au danger, quant j'arrivai au gué d'une petite rivière qu'il me fallait traverser pour continuer ma route. Je lâchai la bride à mon cheval pour lui permettre de s''abreuver à l'eau claire qui roulait sur un lit de cailloux. Je me préparais à fumer une cigarette, quand le bruit des pas de plusieurs chevaux me fit tourner la tête. Je vis cinq ou six cavaliers qui se dirigeaient vers moi, mais qui, évidemment, jusque là, ne m'avaient pas encore aperçu.

Leur tenue demi militaire me fut un devoir de m'assurer à qui j'avais affaire, avant de les laisser s'avancer plus près, et je les interpellai de la phrase habituelle:

--*Quien vive?*

--*Amigos!* répondirent en choeur mes interlocuteurs qui s'avançaient toujours, et qui me lancèrent en passant des bonjours équivoques. Je les laissai s'avancer et traverser la rivière, mais je résolus de ne pas les perdre de vue, pour éviter toute espèce de malentendu de la part de ces messieurs que je soupçonnais fortement d'appartenir à quelque bande du voisinage. Je les suivis donc à distance, bien décidé à ne pas leur donner la chance de se cacher dans les broussailles et de me lancer une balle à la manière proverbiale des brigands à qui nous faisions la guerre.

Je crus m'apercevoir que l'un d'entre eux tournait de temps en temps la tête, comme pour s'assurer que je les suivais toujours, mais j'en arrivai bientôt à ne plus y porter attention et à croire, qu'après tout, ces pauvres diables pouvaient bien n'être pas autres que de paisibles fermiers du voisinage qui revenaient de Monterey. Je me relachai donc de ma surveillance et je retombai peu à peu, dans la série d'idées couleur de rose que m'avait inspirées l'espoir de me trouver bientôt auprès de mon Anita.

Vous souriez probablement, lecteur, de mon infatuation amoureuse quand je vous nomme ma passion; mais avant de vous raconter les aventures que me valurent un attachement digne d'un meilleur sort, laissez-moi vous dire qu'elle en valait la peine, ma mexicaine.

Voilà bientôt onze ans que je l'ai oubliée et parole d'ex-*contre-guérilla*, quand j'y pense par hasard, je me surprends à regretter la *plaza* de Monterey et les charmantes promenades que nous y faisions,*Anita et moi* en écoutant la musique du 95ème. Je faisais retentir mes éperons et sonner mon grand sabre de cavalier sur le pavé, et elle souriait sous sa mantille,--la coquine--aux officiers d'état-major que me jalousaient ma bonne fortune.

III

Mais revenons à la grande route de Salinas et aux cavaliers inconnus qui galopaient devant moi.

J'avait donc fait taire mes soupçons et j'avais même oublié toute idée de danger, quand j'arrivai, toujours su galop, à un endroit où la route faisait un brusque détour. Mes Mexicains de tout-à-l'heure, m'attendaient là le revolver au poing, et je fus accueille par un brusque:

--*Alto ahi!*--Halte là!

Mon cheval se cabra, et ma main droite fouillait encore les fontes de ma selle quand j'entendis derrière moi, le sifflement bien connu du lasso. Je sentis la corde se resserrer autour de mes épaules et un instant plus tard je roulais dans la poussière. Un brigand de *Chinaco* m'avait *ficelé* par derrière pendant que ses dignes compagnons me mettaient en joue par devant.

Jolie position, pour un sous-officier qui avait l'honneur de servir sous Dupin. Je me sentais attrapé comme le corbeau de la fable.

J'avais honte de moi-même.

En vrais Mexicains qui font leur métier avec un oeil aux affaires, mes braves adversaires commencèrent par me dépouiller de tout ce que je possédais qui pouvait avoir pour un sou de valeur et me donnèrent, par ci, par là, quelques coups de pieds pour me faire sentir que j'étais à leur merci. Les épithètes les plus injurieuses ne me manquèrent pas non plus, pendant que l'on me liait solidement les bras de manière à me mettre dans l'impossibilité de faire un seul mouvement pour me défendre.

Je souffris tout en silence, me réservant mentalement le droit de me venger au centuple si jamais l'occasion s'en présentait.

On me plaça sur mon cheval et après m'avoir attaché les jambes à la sangle afin qu'il ne me prit aucune envie d'essayer à m'échapper, nous laissâmes la grand'route pour nous enfoncer dans les broussailles. Après avoir voyagé pendant quelques heures nous arrivâmes à une mauvaise hutte abandonnée, située sur les bords d'un ruisseau qui descendait des montagnes environnantes pour se jeter probablement dans le *Rio Salinas.*

Nous y passâmes la nuit et on me fit l'honneur de placer une sentinelle pour veiller sur moi; précaution bien inutile en vue des liens dont j'était littéralement couvert des pieds à la tête.

Avec une libéralité que je n'attendais pas d'eux, mes gardiens me donnèrent ma part d'un souper excellent qu'ils préparèrent avec soin et ils m'offrirent même un bon verre de *mescal* que j'acceptai volontiers.

Aux questions que j'adressai sur ce que l'on prétendait faire de moi, on répondit invariablement que je saurais le lendemain soir à quoi m'en tenir à ce sujet.

J'attendais avec un impatience que vous comprenez, lecteur, l'heure qui m'apprendrait le sort qui m'était destiné.

Je dormis tant bien que mal et nous reprîmes de bonne heure un sentier qui conduisait à la grande route.

J'étais toujours ficelé jusqu'aux oreilles, et je faisais piteuse mine entre les deux grands gaillards qui étaient chargés de ma garde.

Vers midi, nous avions atteint Lampassas; et ce n'est que lorsque j'aperçus un bataillon de *Chinacos*, qui grouillait sur la place publique, que je commençai à comprendre ce qu'on voulait de moi.

Je sentis que selon leur habitude, MM. les Juaristes allaient d'abord essayer de me faire *causer*, en m'offrant probablement un grade quelconque comme prix des informations que je pourrais leur donner, et que si je m'y refusais absolument, on pourrait bien me passer *l'arme à gauche.*

Cette manière d'agir avec leurs prisonniers était proverbiale chez les mexicains, et je m'y attendais avec un calme assez mal emprunté à mon dessein bien arrêté de paraître indifférent au danger de ma position.

IV

Je réfléchissait encore aux vicissitudes de la vie de soldat, quand une ordonnance vint m'annoncer que l'on m'attendait chez le général Trevino dont la brigade se trouvait de passage à Lampassas.

Je connaissais Trevino de réputation, comme l'un des rares gentilshommes qui aient accepté du service sous Juarez, et je remerciai mentalement mon étoile de cette sorte de bonne fortune dans mon malheur.

Après avoir coupé mes liens pour me permettre de marcher, on me conduisit dans une grande salle, au rez-de-chaussée du palais municipal, où l'on me fit attendre le bon plaisir de son excellence, le général commandant supérieur.

Si l'exactitude est la politesse des rois, il nous a toujours paru évident que les rois de Mexique devaient être d'une impolitesse criante, s'il nous est permis d'en juger par la conduite des fonctionnaires de la république actuelle.

On me fit attendre deux longues heures sans boire ni manger, ce qui me parut d'un mauvais augure pour la bonne humeur du général.

Quand la vie d'hun homme est en jeu, il devient superstitieux en diable, et les événements les moins importants sont à ses yeux des pronostics sérieux.

On me transmit enfin l'ordre d'entrer et je me trouvai, en quelques instants, en présence de celui qui allait décider, si, selon la coutume, je devais aller avant longtemps me balancer au bout d'un lasso, suspendu aux branches de l'arbre le plus voisin.

J'entrai d'un pas ferme et en prenant un air assuré qui s'accordait assez mal avec les idées noires qui se croisaient dans mon cerveau.

Plusieurs officiers étaient assis autour d'une table couverte de cartes et de dépêches. Le général, en petite tenue, arpentait la salle de long en large et semblait absorbé dans ses pensées. Au bruit que firent mes gardes en entrant, il leva la tête et il me fit de la main, signe d'avancer près de lui.

--Mes hommes m'apprennent, dit-il qu'il vous ont arrêté sur la route de Monterey à Salinas; et il me parait pour le moins curieux, que vous ayez eu l'audace de vus aventurer sur un territoire complètement au pouvoir de nos troupes depuis plusieurs mois. Ceux qui nous ont fait prisonniers vous accusent d'espionnage, et m'est avis qu'ils ont raison. Qu'avez-vous à dire pour vous défendre?

--Ren général. Il est permis à vos gens de m'accuser d'espionnage quand vous savez que je ne puis apporter aucune preuve pour me défendre. Je connais les lois de la guerre pour les avoir plusieurs fois exécutées moi-même sur l'ordre de mes supérieurs. Je ne suis pas un espion, mais il m'est probablement impossible de vous le prouver. Les raisons qui m'ont porté à entreprendre le voyage de Salinas sont d'une nature tout à fait pacifique; je vous en donne ma parole de soldat.

Le général fixa sur mois un oeil scrutateur, mais je supportai son regard avec une assurance qui me parut produire un bon effet.

--Et ces raisons, quelles sont-elles?

Je baissai la tête en souriant et je racontai au général étonné, mon amour pour Anita et ma résolution de lui dire bonjour en passant à Monterey. Je lui fis part de ma résolution de me rendre à Salinas, malgré les avis que j'avais reçus de la présence des Juaristes en cet endroit et de mon arrestation subséquente par ses hommes.

Il continua sa promenade pendant quelques minutes, en paraissant réfléchir probablement à la plausibilité de mon histoire. Se tournant vers moi tout à coup:

--Vous me paraissez un bon diable et je crois que vous dites la vérité. Mais si nous n'étiez un des hommes de Dupin, j'ajouterais à peine foi à vos paroles. Votre régiment se bat comme une brigade et les bons soldats sont amoureux en diable: les Français surtout. Que diriez-vous si je vous offrais les épaulettes de capitaine dans un de mes régiments de *Lanceros*?

--Je dirais, Général, que vous voulez probablement vous moquer de moi; ce qui serait à peine généreux de votre part.

--Rien de plus sérieux. Dites un mot et vos armes vous seront rendues avec votre liberté. De plus comme je vous l'ai déjà dit, une compagnie de braves soldats de la République Mexicaine sera placée sous vos ordres.

--Général Trevino, répondis-je en me redressant et en le regardant en face, si quelque malheureux, oubliant son devoir et son honneur de soldat loyal, a pu sans mourir de honte prêter son épée à une aussi basse transaction, apprenez que je ne suis pas un de ces hommes là. Plutôt mille fois mourir simple soldat, fidèle à mon devoir d'honnête homme, que de vivre avec un grade que j'aurais acheté au prix d'une trahison déshonorante.

--Est-ce là votre dernier mot?

--Oui, Général.

--Et vous avez bien réfléchi?

--J'ai bien réfléchi.

Le général parut absorbé dans ses pensées pendant quelques instants, puis se tournant vers l'un de ses aides de camp:

Capitaine Carillos, vous verrez à ce que le prisonnier soit conduit sous bonne escorte au camp de Santa Rosa, pour y être interné jusqu'à nouvel ordre; et faisant signe de la main aux gardes qui m'avaient introduit, je fus reconduit au corps de garde en attendant mon départ qui ne devait pas longtemps tarder.

V

Pour le moment j'avais la vie sauve; mais s'il me fallait croire les récits de ceux de nos soldats qui avaient eu l'expérience de quelques mois de captivité chez les Mexicains, je n'avais guère à m'en féliciter.

Les Mexicains à de rares exceptions près, traitaient leurs prisonniers un peu à la manière des Indiens des plaines de l'Ouest.

Chez eux, c'était l'esclavage, accompagné de tous les mauvais traitements que suggérait à ces soldats demi-brigands leur nature sauvage et vindicative.

Il me restait cependant une dernière chance: l'évasion.

Coûte que coûte, j'étais bien décidé à tout risquer pour regagner ma liberté. Aussi, commençai-je à l'instant même, à former des plans plus ou moins praticables pour m'échapper des mains des *Chinacos*.

Le lendemain, de grand matin, flanqué de deux cavaliers et ficelé de nouveau des pieds à la tête, je prenais la route de Santa Rosa.

Comme nous étions en pays ami pour les Juaristes, mes grades me laissèrent une certaine latitude, e n'eussent été les liens qui me gênaient terriblement, je n'aurais pas eu trop à me plaindre de ces messieurs. Trente-six heures de route devaient nous conduire au camp, et en attendant, je me creusais la tête pour trouver le moyen de tromper mes Mexicains.

Si j'avais eu de l'or, j'aurais pu les acheter corps et âmes, car il est proverbial que les descendants de Cortez--comme leurs ancêtres--ne savent pas résister aux appas d'une somme un peu respectable; mais je n'avais pas un sou. On m'avait tout enlevé.

Nous campâmes, le premier soir, aux environs de Monclava et je passai la nuit à méditer des plans d'évasion, tous, les uns plus impossibles que les autres.

Nous nous mimes en route de bonne heure, dans l'espérance--pour mes grades, bien entendu--de pouvoir atteindre le soir même, le but de leur voyage.

Je commençais à croire, qu'après tout, il me faudrait attendre une occasion plus favorable et je me résignai à subir mon sort tant bien que mal.

Vers trois heures de l'après-midi, nous nous arrêtâmes à la *Hacienda de los Hermanos* pour reposer nos chevaux et prendre nous-même un dîner dont nous avions grand besoin.

Là, j'appris d'un *péon*--domestique--que les Français avaient été vus la veille sur la route de *Paso del Aguila* et un rayon d'espérance vint relever mon esprit abattu.

Mes gardes se hâtèrent de prendre un mauvais repas composé de *tortillas* et de *frijoles* dont ils m'offrirent une part assez libérale que j'acceptai avec plaisir.

Ils avaient appris, comme moi que les Français rôdaient dans les environs et ils tenaient probablement à atteindre Santa Rosa, le soir même, afin de se trouver à l'abri des attaques des éclaireurs impériaux qui battaient la campagne.

Ils ignoraient que je fusse au courant de la cause de ce départ précipité, mais comme je l'ai dit plus haut, j'en avais été informé aussitôt qu'eux.

J'espérais donc ardemment ce qu'ils paraissaient redouter:-- la rencontre de quelque détachement de troupes française qui aurait bien pu intervertir les rôles et les faire prisonniers tout en me rendant la liberté.

VI

Nous nous mîmes en route en grande hâte et je crus m'apercevoir, cette fois, que j'étais devenu l'objet d'une surveillance beaucoup plus sévère. On avait resserré mes liens avec une sollicitude qui ne me présageait rien de bon; et il était è craindre qu'en cas d'une attaque soudaine je fusse le premier à recevoir les balles amies des Français.

Nous galopions depuis une heure et nous n'avions encore rien aperçu qui put donner raison aux craintes de mon escorte.

Malgré tout, j'espérais toujours et mon attente ne fut pas de longue durée.

Un bruit lointain de voix animées parvint à mes oreilles et mes gardes firent une halte spontanée. Ils se consultèrent à voix basse et l'un d'eux se tournant vers moi:

--Je vous avertis, dit-il, qu'au premier mouvement suspect de votre part je vous brûle la cervelle.

Mouvement suspect! J'aurais bien voulu pouvoir en faire de ces mouvements là, entortillé comme je l'étais par un lasso en cuir qui me coupait dans les chairs.

J'aurais pu crier; mais mes diables de *Chinacos* ne m'en laissèrent pas la chance. On me bâillonna précipitamment, en m'étouffant sus les plis d'un mauvais foulard qu'on avait oublié de me confisquer, lors de ma capture sur la route de Salinas.

Je m'aperçus que mes deux Juaristes auraient voulu se voir à cent pieds sous terre, quoiqu'ils ne fussent pas encore certains de la nature des bruits qui nous arrivaient de plus en plus distincts.

Pour moi, je n'avais qu'à faire le mort--et me résigner; impatiemment si vous le voulez, mais c'est à peu près tout ce que je pouvais faire dans des circonstances aussi peu rassurantes. En attendant mes Mexicains demeuraient indécis et ne savaient évidemment quel parti prendre.

Ils ne furent pas longtemps dans l'attente.

Un éclat de rire prolongé, accompagné d'un juron formidable venaient de nous apprendre à qui nous avions affaire.

Les Français s'approchaient en nombre.

Un brusque détour de la route, seul les empêchaient de nous apercevoir.

Mes Mexicains ne furent pas lents à tourner bride et enfonçant leurs éperons dans les flancs de leurs montures, en même temps qu'ils excitaient mon cheval de quelques coups de plats de sabre, nous nous élançâmes à fond de train,--bien malgré moi--sur la route que nous venions de parcourir.

Attaché comme je l'étais, sur mon cheval qui bondissait en essayant de me désarçonner en ne sentant pas la main d'un cavalier pour le conduire, je fus pris d'un vertige que me fit bientôt perdre connaissance.

J'entendis vaguement quelques coups de feu; j'entrevis comme dans un rêve l'uniforme bleu-ciel des Chasseurs d'Afrique qui se pressaient autour de moi et ce fut tout.

VII

Quand je revins à moi, j'étais couché au pied d'un arbre et un *tringlot* me présentait une potion que je bus avec avidité.

Après avoir apaisé la soif ardente que me dévorait, mon premier soin fut de me tâter pour voir si j'était bien *tout* là. Rien n'y manquait; j'en étais quitte pour une légère blessure à la main droite. J'avais la jointure de l'annulaire emportée par une balle française, sans soute, durant la course échevelée que m'avaient fait prendre mes *amis* les *Chinacos*. Je regardai autour de moi et je vis, non sans quelque satisfaction, que mes gardiens du matin étaient mes prisonniers du soir. Mes deux Juaristes étaient solidement liés aux roues d'une voiture du train qui accompagnait l'escadron de Chasseurs d'Afrique à qui je devais la liberté.

J'en étais là de mes réflexions quand un brigadier s'avança vers moi en me demandant de mes nouvelles.

Je reconnus en lui un camarade de garnison de Tampico, et il me raconta en quelques mots que son détachement était en route de Carmago à Piedras Negras, d'où il devait aller rejoindre l'expédition qui se préparait à envahir les Etats de Durango et de Chihuahua.

Je remerciai ma bonne étoile d'être tombé en aussi bonnes mains.

Huit jours plus tard, le bras droit en écharpe, et ne me sentant nullement l'envie d'aller voir Anita, en passant par Monterey, je prenais la route de Matamoras par la diligence de Laredo.

Je trouvai là, la première compagnie d'infanterie de la Contre-guerilla, qui avait rossé d'importance, quelques jours auparavant, un bataillon de la brigade de Cortinas.

Je me présentai au capitaine commandant que je connaissais déjà, et qui me félicita de la bonne tournure qu'avait prise mon escapade d'amoureux.

Je rejoignis mon escadron qui partait pour les côtes Pacifiques et je ne revis jamais Anita, qui, probablement elle aussi, a oublié depuis longtemps nos promenades sur la plaza de Monterey.

VIII

C'était en 1869.

Ma carrière militaire avait été brusquement terminée par l'exécution du 10 juin 1867.

Après avoir visité la France avec la plupart de mes compagnons d'armes et être demeuré quelques mois à la Nouvelle Orléans, j'avais repris le chemin du Mexique.

J'étais employé comme comptable interprète, au chemin de fer: Vera Cruz et Mexico. Cette ligne commencée depuis nombre d'années était enfin terminée sur toute sa longueur de Vera Cruz à la capitale, et pour célébrer cet événement, il y avait grand banquet au palais municipal de Puebla. Le président de la République Mexicaine y assistait accompagné d'un nombreux état-major. Les gouverneurs des différents Etats avaient aussi répondu à l'invitation des capitalistes anglais qui avaient conduit à bonne fin, malgré les difficultés sans nombre qu'avait engendrées la guerre civile, l'entreprise de relier Mexico au littoral du golfe par une voie ferrée.

J'assistais à la fête comme employé, et la vue de tous ces généraux de l'armée Juarez me rappelait de bien tristes souvenirs.

Par hasard, pendant le grand bal de gala qui eut lieu pour clore les réjouissances du jour, je me trouvai placé auprès du gouverneur de l'Etat de Nuevo Leon: le général Geronimo Trevino.

Je me rappelais la figure de celui-là: c'était mon homme de Lampassas qui avait jugé à propos de m'expédier à Santa Rosa où je n'arrivai jamais, au lieu de me faire danser au bout de la branche d'un arbre, comme c'en était l'habitude, en ces temps-là.

Je lui devais de la reconnaissance et j'entamai la conversation.

Après les compliments d'usage en pareille occasion, je lui demandai s'il se rappelait, par hasard, les circonstances de notre première entrevue à Lampassas, en 1866.

Il se remettait ma figure et me demanda de vouloir bien lui rafraîchir la mémoire par un récit circonstancié des événements qui avaient marqué notre première rencontre.

Je luis redis mon histoire et il me félicita d'avoir pu, en des temps aussi difficiles m'en être retiré avec la vie sauve.

Nous causâmes longuement et il m'avoua que j'avais eu une chance toute particulière de ne pas l'avoir rencontré quinze jours plus tard.

Je lui en demandai la raison.

--Ma brigade quitta Lampassas, le lendemain de votre départ pour Santa Rosa, me répondit-il. Nous nous rendions à Durango dans le dessein d'attaquer le colonel Jeannin-Gros qui s'y trouvait en garnison avec un bataillon de la Légion Etrangère. Nous attaquâmes avec des forces supérieures, cinq contre un et force fut au brave colonel d'évacuer la ville et de se retirer devant nos troupes. Nous avions raison de croire que nous resterions en possession du pays, au moins pour quelques jours, comme les troupes françaises se trouvaient alors en grande partie occupées à Guadalajara. Nous avions compté sans Dupin qui rôdait dans ces parages. Deux jours après notre entrée, Jeannin-Gros que nous croyions en pleine déroute revint à la charge et nous attaqua assez vivement pour me décider à détacher deux régiments de ma brigade, pour le combattre en rase campagne. Ce diable de Dupin s'était concerté avec lui, et nos soldats avaient à peine franchi les fortifications et engagé le feu contre la Légion Etrangère, que deux escadrons de Cavaliers et une batterie de campagne des Contre-guerillas, cachés dans le champaral, se ruèrent sur notre arrière-garde. Je commandais en personne, mais mes hommes crurent, aux cris poussés par les "diablos colorados" que nous avions affaire à des forces supérieures. Une panique s'ensuivit et nous rentrâmes pêle-mêle dans Durango après avoir perdu 500 hommes tués, blessés et faits prisonniers. Le soir même, à la faveur de l'obscurité, nous fûmes forcés à notre tour, de nous retirer devant les forces combinées de Jeannin-Gros et de Dupin. Jugez de mon humeur. C'est ce qui me fait vous dire que si j'avais eu alors, entre mes mains, un homme appartenant à la contre-guerilla, je lui aurais, tout probablement, fait passer un mauvais quart-d'heure.

--En effet, répondis-je, je tiens du colonel Dupin lui-même les détails de cette affaire. Mais que voulez-vous, général, malgré tous nos succès d'alors, les circonstances nous ont forcés d'abandonner l'espoir d'établir un empire sur le sol du Mexique. Espérons ensemble, que l'avenir réserve à votre pays natal une ère de paix et de prospérité.

Le général me serra la main et me remercia de mes bons souhaits pour la République Mexicaine.

La foule nous sépara bientôt et je ne l'ai jamais revu depuis, quoique j'aie appris qu'il s'était rallié au gouvernement de Porfirio Diaz, après avoir eu lui-même des velléités de candidature au fauteuil de président de la République.

www.ingramcontent.com/pod-product-compliance
Lightning Source LLC
Chambersburg PA
CBHW050027170726
48282CB00025B/584
* 9 7 8 9 3 5 7 0 9 7 4 1 3 *